LES MÉDARD

LUTHIERS LORRAINS

PAR

ALBERT JACQUOT

CORRESPONDANT DU COMITÉ

DES SOCIÉTÉS DES BEAUX-ARTS DES DÉPARTEMENTS, A NANCY

PRIX : 5 FRANCS

PARIS
LIBRAIRIE FISCHBACHER
RUE DE SEINE, 33

1896

LES MÉDARD

Ce mémoire a été lu à la réunion des Sociétés des Beaux-Arts des départements, tenue dans l'hémicycle de l'École des Beaux-Arts, à Paris, le 18 avril 1895.

LES MÉDARD

LUTHIERS LORRAINS

PAR

ALBERT JACQUOT

CORRESPONDANT DU COMITÉ
DES SOCIÉTÉS DES BEAUX-ARTS DES DÉPARTEMENTS, A NANCY

PARIS
LIBRAIRIE FISCHBACHER
RUE DE SEINE, 33

1896

A

MONSIEUR CHARLES NUITTER

ARCHIVISTE DE L'OPÉRA

MEMBRE DU COMITÉ DES SOCIÉTÉS DES BEAUX-ARTS

DES DÉPARTEMENTS

Ces pages sont dédiées.

A. J.

Nancy, 1ᵉʳ août 1895.

Paris, 13 août 1895

Cher Monsieur,

Vous voulez bien m'offrir la dédicace de votre étude sur les Médard, luthiers Lorrains. J'en suis très honoré et je vous en remercie. Je sais quels soins vous consacrez à rechercher et à réunir les documents relatifs à l'histoire de la musique et du théâtre dans votre chère Lorraine, et je ne puis que souhaiter à ce nouveau travail le meilleur succès. Agréez, je vous prie, cher Monsieur, l'assurance de mes sentiments bien dévoués

Ch. Nuitter

LES MÉDARD

LUTHIERS LORRAINS

Un auteur contemporain écrivait les lignes suivantes, à propos de l'Art de la lutherie [1] :

« En France, où les Arts, les Sciences et les Lettres ont jeté un si vif éclat du quinzième au dix-neuvième siècle, l'Art de la lutherie *ne compte point de représentant illustre.* A peine quelques noms se sont-ils fait remarquer dans cet espace de temps. » Puis il cite ceux de Lupot, de Pique, de Chanot, de Gand, de Vuillaume, déclarant que les instruments faits par ce dernier, malgré son talent incontestable, ne pourront jamais figurer à côté de ceux des anciens facteurs, ajoutant que « le son dur des violons sortis de ses mains est inférieur même à celui des violons modernes de l'Italie ».

Ces lignes nous ont donné le désir de protester hautement en faveur de la lutherie française et de celle d'une province qui lui est fidèlement attachée, de la Lorraine.

Il ne nous a pas été difficile d'opposer une réfutation formelle à cette erreur et de signaler au contraire toute une école oubliée, toute une dynastie de luthiers de mérite qui font honneur à notre Lorraine, à la France.

La lutherie italienne, tant et si justement appréciée, a disparu complètement.

Descendant et continuateur fidèle d'une des plus anciennes familles de luthiers lorrains et français, nous essayerons d'attirer l'attention des amis des Arts sur un sujet qui nous semble digne de

---

[1] L. DE PRATIS, Appendice et notice à la *Chélonomie* de l'abbé SIBIRE. Bruxelles, 1885.

susciter une sorte de renaissance de la brillante lutherie des temps passés.

Du reste, la Lorraine, puis la France, en ont recueilli l'héritage; n'est-il pas important que cet Art ne puisse s'affaiblir ou disparaître de notre pays?

A cet effet, il nous a paru utile de faire sortir de l'oubli la famille des Médard, qui fut pour notre patrie une véritable souche de luthiers d'Art, tout comme celle d'Amati est considérée au delà des Alpes.

Il est temps, enfin, de restituer à notre beau pays de France les noms de ses habiles artisans, trop modestement cachés dans la pénombre de deux siècles écoulés.

Afin de suivre impartialement l'histoire, nous nous garderons bien de faire le silence sur certains faits découverts dans le cours de nos recherches et intéressant la famille des Médard, estimant au contraire que, loin d'atténuer la valeur artistique de ces luthiers, ils ajoutent un réel attrait de curiosité.

Une page de cette histoire est pathétique; c'est celle du procès, absolument inconnu jusqu'ici, terminé d'une façon tragique par la mort d'un des ancêtres de la famille, de Sébastien Médard.

Quelques courtes notes biographiques sont utiles pour faire d'abord connaître ces intéressants luthiers.

Jusqu'ici les auteurs d'ouvrages sur la lutherie, tels que MM. Fétis, Vidal, Gallay, Chouquet, Mahillon, le comte Valdrighi, Hart, Mordret et nous-même, primitivement d'accord avec l'éminent archiviste feu M. Lepage, tous, nous n'avions cru qu'à l'existence de deux ou trois luthiers portant le nom de Médard.

C'étaient, pour les uns ou les autres, François, Nicolas et Jean Médard, ou François dit Nicolas. Fétis ne leur donne aucun prénom. Deux membres de cette famille sont signalés comme appartenant au dix-septième siècle et le troisième au dix-huitième.

Quant à leur résidence, elle varie aussi suivant les auteurs; les uns les font naître à Nancy et s'établir à Paris; d'autres les signalent simplement comme habitant cette dernière ville.

Il nous a semblé nécessaire d'élucider ces questions, et nous avons entrepris des recherches dans les registres de l'état civil, à la faveur de l'autorisation qui nous fut accordée par M. le maire de Nancy.

Malgré ce que M. Lepage y avait puisé autrefois, nous avons pensé que son attention n'avait pas été attirée spécialement sur le nom de nos luthiers.

En effet, nous pouvons aujourd'hui présenter une liste chronologique que l'avenir complétera peut-être encore, mais qui prouve, dès maintenant, d'une façon irréfutable, que c'est à Nancy que revient l'honneur d'avoir été le berceau de la lutherie *artistique* de la Lorraine, et par suite celui de la France.

Il convient d'établir, au point de vue précisément artistique, que les instruments à archet sortis des mains de nos luthiers lorrains doivent être désormais classés parmi les plus remarquables, parmi ceux des Amati. Nous allons le prouver.

Voici d'abord Fétis qui, dans son *Esquisse de l'histoire du violon* (p. 19), déclare « qu'à l'égard de l'ancienne lutherie des « provinces de France, on n'y trouve rien qui s'élève au-dessus du « médiocre, à l'exception de *Médard,* contemporain de *Jérôme* « *Amati, dont il a imité les formes, et qui vécut à Nancy, au* « *commencement du dix-septième siècle* ».

Puis, plus loin, et sans donner aucun prénom, il ajoute : « Mé- « dard travailla chez Antoine Stradivarius, puis fabriqua à Paris *et* « *ensuite à Nancy,* de 1680 jusqu'en 1720 ; il fut le fondateur de « la lutherie lorraine. »

M. Chouquet, ancien conservateur du Musée instrumental du Conservatoire de Paris, classait dans son catalogue (p. 6) Médard avec Panormo, comme disciples de Stradivarius, et représentant l'ancienne école de Paris. L'éminent M. Chouquet ignorait le lieu d'origine des Médard, et notre savant maître, M. Jules Gallay, partageait l'opinion de M. Chouquet, en classant Nicolas et Jean Médard, de Nancy [1], sous la rubrique *Sub disciplina Stradivarii.*

Il ajoutait : « Sous Louis XIV, *Médard* fut appelé à Paris pour « confectionner les instruments de la chapelle du Roi et Princes », sans désigner ce Médard par aucun prénom. M. Gallay suppose que Nicolas Renault, luthier de Nancy, élève d'un luthier de Mirecourt, du seizième siècle, nommé Tywersus, aurait travaillé de concert avec *Nicolas* et *Jean Médard,* de Nancy, que ceux-ci, à leur tour,

---

[1] J. Gallay, *les Instruments des Écoles italiennes.*

formèrent Jean et Sébastien Bourdot, de Mirecourt, et que Bourdot serait, en quelque sorte, le fondateur de la lutherie de cette ville.

Or, dans un récent Mémoire que nous lûmes au Congrès des Sociétés savantes, en 1890, nous avons prouvé que, bien avant Bourdot, Mirecourt comptait des luthiers nombreux, pour ne citer que les ancêtres des Vuillaume, dont nous avons retrouvé l'existence dès la fin du seizième siècle et de nos ancêtres dès la première moitié du dix-septième siècle.

M. Vidal [1] émet une assertion qui demanderait à être prouvée, quand il dit que « les *Jacques* Renault » (ce n'est plus *Nicolas* Renault) « et même les Médard, nous sont pour ainsi dire inconnus « dans leurs œuvres; et cependant ils n'étaient pas sans mérite. « Après, il y eut un progrès sensible; *François Médard,* qui tra- « vailla, *dit-on,* à Crémone, dans l'atelier de Stradivari, *Jean* et « *Nicolas Médard,* furent de bons ouvriers. *Les Médard travail-* « *lèrent, de* 1680 *environ, jusqu'en* 1715; leurs violons, qui sont « généralement d'un petit patron, se font remarquer par la beauté « de leurs vernis [2]. »

Plus loin (p. 253), il ajoute : « Médard, famille de luthiers lor- « rains. Médard (François) travailla à Paris, pendant la seconde « moitié du dix-septième siècle. Il fut, dit-on, chargé de confec- « tionner des violons pour la chapelle de Louis XIV. On connaît « de lui des instruments bien faits; petit patron, beau vernis, « modèle des premiers Amati. Médard (Nicolas) frère du précé- « dent; il travailla à Nancy et à Paris. »

Puis M. Vidal, sans citer la source, se basant toutefois sur ce que nous indiquions dans l'appendice de la *Musique en Lorraine,* publiée par nous en 1882 [3], signale l'existence (qu'avec M. Lepage nous croyions alors exacte) d'un *Toussaint* Médard, fils de Nicolas né à Nancy le 5 avril 1622. Aujourd'hui, ayant examiné de près le texte authentique des registres des baptêmes, il se trouve que nous sommes en présence du baptistaire d'une fille, et non de celui d'un garçon. C'est bien *Toussaine, fille* de Nicolas Médard, qu'il faut lire.

---

[1] Vidal, *la Lutherie française.*
[2] Voir la planche ci-dessus.
[3] Paris, A. Quantin et Fischbacher, 1882.

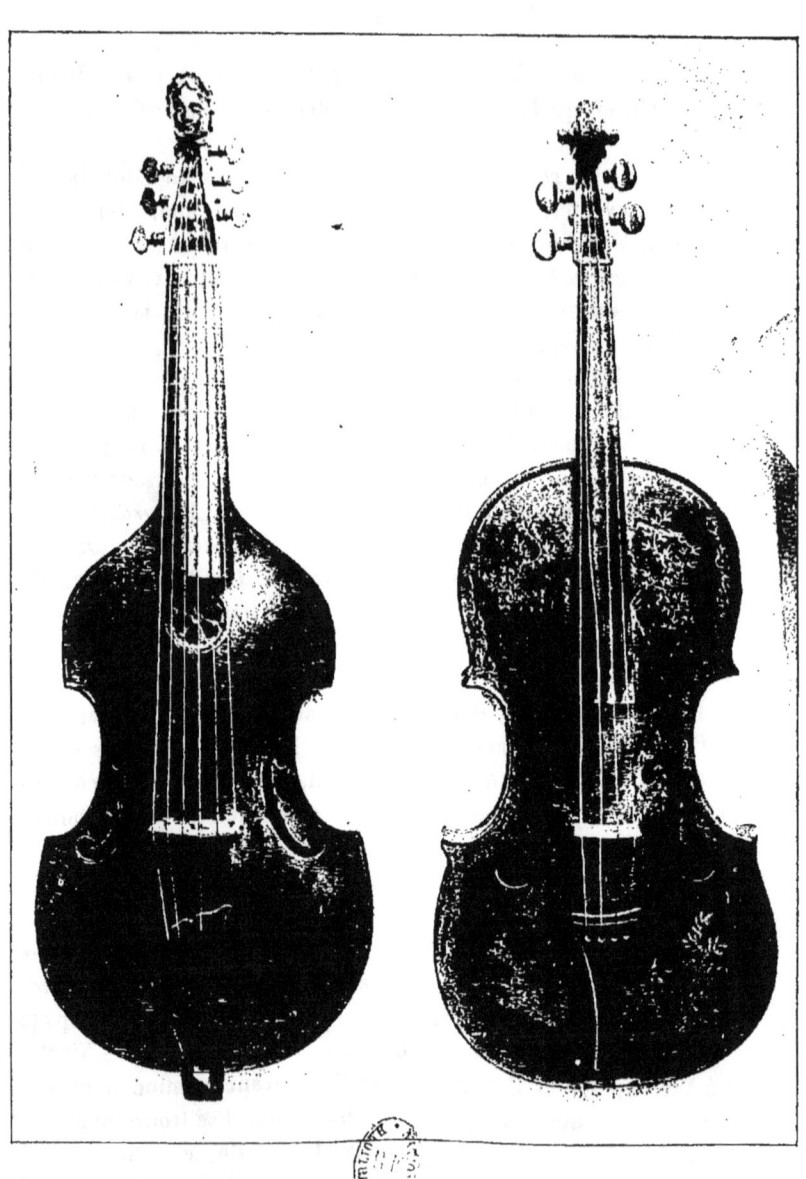

VIOLE DE NICOLAS MÉDARD
PARIS 1701
Coins fleurdelisés.

ALTO DE NICOLAS MÉDARD
PARIS 1670
Ornements peints et dorés.

MUSÉE INSTRUMENTAL DU CONSERVATOIRE ROYAL DE BRUXELLES
(Photographie due aux soins de M. V. Mahillon, Conservateur du musée.)

M. Vidal signale enfin, mais sans donner, bien entendu, aucun acte civil, la mention relevée assez récemment sur une étiquette d'une pochette attribuée à un *Antoine* Médard, de Nancy, faite en 1666. C'est sans doute cette même pochette qui faisait partie de la collection Samary et que décrit l'érudit musicologue, M. le comte Eugène de Bricqueville, dans son intéressante *Notice sur les anciens instruments de musique* [1] : « Petite pochette du dix-septième « siècle, terminée par une tête de femme et incrustée de fils d'ar- « gent en torsade. Elle porte le nom de *Antonius Médaro,* Nancy « 1666. La caisse est pentagonale, les chevilles, la touche et le « tire-cordes sont en bois d'ébène, le sillet en ivoire. Pièce remar- « quable de forme et dans un état parfait de conservation. Elle est « accompagnée de son archet et d'un étui en chagrin. » Ce magnifique et gracieux instrument fut vendu au prix minime de deux cent cinquante francs, séance tenante, à un passant qui en est aussitôt entré en possession, sans donner son nom. Il serait désirable que ces lignes tombassent sous les yeux de l'heureux possesseur de ce bijou afin de nous permettre d'étudier sa précieuse trouvaille.

Vidal n'avait donc fait que mentionner l'étiquette indiquant l'auteur de cette pochette. Aujourd'hui nous signalons l'acte de baptême de cet *Antoine Médard.*

Voici ce que nous avons trouvé aux Archives municipales de Nancy, dans les registres des paroisses : « Le 28 octobre 1621. « Paroisse Saint-Sébastien, baptême de Anthoine, fils de Henry « Médard et Anne, sa femme, a esté baptisé le 28 octobre. Noble « Anthoine..., conseiller d'Estat à S.-A., parrain. Suzanne Bour- « cier, marraine. »

Henry Médard, son père, est du reste qualifié *faiseur de violons,* dans son acte de mariage que nous allons signaler plus loin et que nous reproduisons dans la table chronologique des Médard. Enfin, un autre Anthoine Médard était, il est vrai, témoin, en 1620, du mariage de Nicolas Chuppin, peintre lorrain bien connu ; mais nous inclinons à croire que l'auteur de la pochette datée de 1666 serait plutôt le fils de Henry Médard qualifié faiseur de violons.

---

[1] *Un coin de la curiosité*, p. 28. — *Les anciens instruments de musique,* par Eug. DE BRICQUEVILLE, Paris, librairie de l'Art, et n° 44 du Catalogue de la vente Samary, faite le 15 mars 1887 à Paris.

A l'appui des documents originaux que nous venons de découvrir, reproduits ici, nous avons dressé la table chronologique dont il vient d'être parlé, estimant qu'elle est indispensable pour le classement des membres de cette nombreuse famille, où les mêmes prénoms se rencontrent assez fréquemment.

Nous établissons d'abord que le plus ancien des Médard, Claude Ier, mort *avant* 1597, avait laissé une veuve, Jeanne Drouyn, qui épousa en secondes noces Blaise Thiébaut, en octobre 1597, à la paroisse Saint-Sébastien de Nancy.

Ensuite viennent quatre Médard : 1° *Poiresson Médard*, mort avant 1612; il avait eu une fille, Pauline. 2° *Melchior Médard*, parrain, en 1614, du fils de Humbert Thomas. 3° *Nicolas Ier Médard*, mort avant 1628, qui avait eu un fils, Guillaume Médard, marié en cette même année.

Claude II, qualifié *menuisier* dans l'acte du 28 octobre 1620, nous semble bien être le fils de ce Claude Ier. Il est, en tous les cas, le chef d'une nombreuse famille, dont plusieurs membres s'adonnèrent à la lutherie. L'acte de mariage d'un de ses fils, Henry, daté de ce 28 octobre 1620, qualifié *faiseur de violons* en 1622, en 1625, etc., indique bien qu'il est le fils de Claude Médard *menuisier*. Or nous verrons plus loin que cette qualification peu précise se retrouve aussi dans d'autres actes où il est absolument question de luthiers ou faiseurs de violons. Cet acte est très précieux à retenir, puisqu'il établit la parenté très étroite de ceux que nous considérons comme étant les frères de Henry, c'est-à-dire de Louys, de François, de Jean, de Nicolas Médard et *autres*, présents au mariage, en 1620.

Nous retrouvons déjà là les noms de trois luthiers, François, Jean et Nicolas II Médard, signalés vaguement jusqu'ici par MM. Fétis, Vidal, Gallay, Valdrighi.

Claude II Médard eut beaucoup d'enfants : deux filles, Catherine Médard, mariée le 15 avril 1614 à Claude Durand; Françoise Médard, mariée le 16 mars 1616 à François, fils de Jean Gaire. Il eut aussi plusieurs fils, parmi lesquels : 1° Henry Ier, *faiseur de violons*, marié le 23 octobre 1620, à Anne, fille de Bastien Pieresson ou Poiresson; 2° Nicolas II Médard, *façonneur de violons*, marié à Barbe Bain; 3° Claude III, marié à Élisabeth; 4° François Ier Médard, époux de Anne; 5° Jean Médard, 6° Louys Médard, tous deux témoins au mariage de Henry; 7° Baptiste Médard, parrain, en 1628, d'une des filles de Nicolas II, et peut-être comme huitième fils, Anthoine, témoin, en février 1620, du mariage de Chuppin.

De tous ces fils, ce furent Henri et Nicolas II qui eurent le plus d'enfants. Henri laissa quatre fils, Anthoine II, baptisé le 28 octobre 1621; c'est le prétendu auteur de la pochette datée de 1666; Marie Médard, baptisée le 29 décembre 1622. Nous ferons remarquer que les parrain et marraine, gens de noblesse, ne refusèrent pas aux Médard cet honneur; c'était Claude, seigneur de Châtenois, et sa fille. Claude V, baptisé le 18 mai 1625; Nicolas III, baptisé le 28 janvier 1628 [1]; et enfin, Henri II, baptisé le 10 février 1629.

Les enfants de Nicolas II étaient : 1° Toussaine Médard, faussement qualifiée primitivement sous le nom de Toussaint; elle était fille de Nicolas II Médard, *faiseur d'instruments,* et de Barbe Bain, sa femme; baptisée le 3 avril 1622, à la paroisse Saint-Sébastien de Nancy. Elle eut le même parrain que sa cousine Marie, Claude, seigneur de Châtenois et d'Armocourt, et pour marraine Toussaine Vuillemin. 2° Chrestienne Médard est baptisée le 26 novembre 1623; son père, Nicolas II, est qualifié dans l'acte *façonneur d'instruments*. 3° Barbe Médard fut baptisée le 21 mai 1625. 4° Dominique Médard, fils de Nicolas II, *violon* à Son Altesse, et de Barbe Bain, sa femme, est né à Nancy, le 27 août 1626, paroisse Saint-Epvre; enfin, les autres enfants de Nicolas II Médard, toutes trois du sexe féminin, étaient : Anne, baptisée le 26 janvier 1628; Anthoinette Médard, le 28 avril 1629; et Gabrielle Médard, le 28 décembre 1630.

Ce qui rattache très exactement toute cette parenté de luthiers, c'est que nous remarquons dans ces actes les noms des parrains et marraines, la plupart choisis parmi les membres de la famille Médard, connus comme luthiers ou femmes de ces luthiers. Ainsi, Claude IV Médard, baptisé le 10 mars 1623, eut pour marraine

[1] Nous pensons que c'est Nicolas III qui est encore contribuable comme habitant Nancy (Ville vieille) en 1672-1673 et qualifié violon. (Archives de Meurthe-et-Moselle, Registre CC 216-219.) Il est probable que c'est de ce Nicolas III que Fétis voulait parler.

Anne Poiresson, la femme de Henri Médard, absolument qualifié *faiseur de violons*. Ce Claude IV Médard était le fils de Claude III Médard, mari d'Élisabeth.

François Ier Médard est qualifié *velonier;* époux de Anne, il eut un fils, François II, marié à Marie. Ceux-ci eurent deux enfants : Dieudonnée, née le 12 avril 1619, et Anne Médard, fille de François II Médard, *violonier*, baptisée le 24 septembre 1625. Ici encore, la grand'mère de cette enfant, Anne, fut choisie pour marraine et désignée ainsi dans l'acte : « Anne, veufve de François Ier Médard, marraine. » François II Médard mourut à Nancy, le 31 juillet 1631. (Registre de la paroisse Saint-Sébastien.)

On nous pardonnera l'aridité forcée du court exposé de cette généalogie, et, avant de clore cette étude, nous dirons que Claude II, qualifié *menuisier*, en tous les cas *luthier*, dut avoir encore un autre fils, et que ce fils pourrait bien être Sébastien Médard. En effet, grâce à une indication fournie par notre ami M. Fernand Mazerolle, l'archiviste paléographe bien connu, nous avons retrouvé l'existence de ce faiseur de luths, qui habitait Paris dans la première moitié du dix-septième siècle. Du même coup, nous découvrîmes toute une série de pièces établissant le procès intenté à Sébastien Médard, à sa fille Jehanne Médard, tous deux, disent les documents, « originaires de Nancy, en Lorraine », et à Pierre-Paul Prelasque, de Lyon, qui vivait avec eux.

Nous donnons à la suite de ce court mémoire le texte des pièces de ce procès, les questions posées, les réponses des accusés, enfin l'arrêt rendu.

Tous trois furent « accusés du crime de fausse monnaie, altéra-« tion et rognures de pistolles, débit et exposition d'icelles « rognures ». Sébastien Médard fut, pour ce crime, condamné à mort, par arrêt de la Cour du 21 mai 1636, à Paris. Mais avant l'exécution de cet arrêt, Sébastien Médard fut soumis à la question ordinaire et extraordinaire, mourut probablement des suites de la torture, mais avant le supplice final.

Jehanne Médard, sa fille, condamnée à être battue et fustigée nue de verges, attachée au bout d'un garrot en la place des Halles de Paris, au pilori, fut bannie à perpétuité hors du royaume. Prelasque fut condamné aux galères à perpétuité. Une somme de trois mille six cents livres fut réservée de la confiscation des biens et consacrée à être employée à la nourriture, entretien et instruction des enfants de Prelasque et de Jeanne Médard.

Ils firent de la fausse monnaie « pour effectuer les payements « par eux faits sous forme de prêts sur gages ».

Ce procès nous révèle les noms de trois *maîtres faiseurs d'instruments de musique,* à Paris, en 1636, complètement oubliés, consultés en qualité d'experts. Ce sont : Claude Coquet, Antoine d'Hespont et Charles Hurel.

L'interrogatoire de Jeanne Médard dit que celle-ci était âgée de trente-cinq ans en 1636 ; elle serait donc née à Nancy, vers 1601.

Nous n'avons rien trouvé concernant la naissance de Jeanne Médard dans les registres des baptêmes des paroisses de Nancy, subsistant encore. Ceux qui auraient pu nous renseigner ont dû disparaître, mais le document du procès fait foi. En admettant que son père, Sébastien Médard, était âgée de vingt-cinq ans en 1601, on peut à peu près fixer la date de la naissance de celui-ci vers 1576.

L'arrêt rendu contre Médard, sa fille et Prelasque, que nous avons examiné aux Archives nationales, porte dans le filigrane du papier une croix de Lorraine enlacée des doubles C, monogramme du duc Charles de Lorraine.

Signalons encore la question qui fut posée à Jeanne Médard « sur « le fait qu'elle s'est déclarée DAMOISELLE, alors qu'elle est la fille « d'un *menuisier de Nancy* ». Nous ferons observer que dans l'esprit de certaines personnes, l'état de luthier était à cette époque encore confondu avec celui d'un simple menuisier, les deux états présentant cette analogie du travail du bois, surtout aux yeux de gens peu capables d'en faire la différence. Jeanne Médard répondit que le père de son père « *étoit gentilhomme,* et à cause de sa pau- « vresse l'on luy fit apprendre un mestier ». Prelasque se déclare aussi fils d'un gentilhomme lyonnais.

A titre de simple coïncidence, nous relevons dans une notice sur l'église Saint-Nicolas de Neufchâteau, ce qui suit [1] :

« Dans la chapelle de Saint-Crépin, église Saint-Nicolas de Neuf-

---

[1] *La Lorraine artiste,* n° 17, 23 avril 1893, G. Save.

« château, se voyait cette inscription (tirée des *Notes* de M. Iver-
« neau) :

> « Ci gist la fille du puissant messire Val,
> « Qui eut pour père un noble sénéchal
> « Et pour époux un *Nicolas Médart,*
> « Noble écuyer, dont la mort par son dart
> « M'a enserrée dans ce tombeau pesant,
> « Faire cesser le grand amour pensant
> « D'entre nous deux : mais l'esprit délivré
> « De la prison, en Dieu tout enivré,
> « Fait à toujours de bon cœur oraison,
> « Qu'au ciel ayons intime maison. »

Dans l'encadrement on lisait : « Anne Laval, fille de Jean de
« Laval, en son vivant sénéchal de Lamothe, et femme de *Nicolas*
« *Médart,* écuyer, demeurant à Vicherey, laquelle décéda le
« 1er mars 1577. »

« Jean de Laval, depuis de Lavaulx, était baron de Vrécourt,
« seigneur de Sartes, Pompierre, chambellan du duc de Charles III,
« en 1567, et gouverneur de la citadelle de La Mothe. Son père,
« Henri II de Laval, avait été gouverneur du château de Neufchâ-
« teau. Cette famille portait dans ses armes la devise *Tout par*
« *amour.* Quant à *Nicolas Médart,* il fut anobli en 1564, ainsi que
« son *frère Claude,* qui devint avocat du Roi à Langres et seigneur
« de Villiers. »

Quoi qu'il en soit, loin de cacher cette triste page de la vie d'un des membres de la famille de nos luthiers lorrains, nous avons pensé qu'elle lui donnerait un intérêt particulier, quand ce ne serait que par le point de ressemblance qui existe dans l'emprisonnement de Sébastien Médart avec celui de Petrus Guarnerius que mentionnent la plupart des auteurs.

Cette triste phase n'amoindrit en rien la mémoire des autres Médard et n'atténue pas leurs mérites dans l'histoire de la lutherie.

Qu'il nous soit permis encore de faire remarquer que si les instruments sortis des mains des Médard ont quelque analogie avec les modèles des premiers Amati, rien ne prouve qu'ils se soient attachés à copier servilement leurs formes et n'aient pas cherché à les améliorer. Nous pensons, au contraire, tout en admettant que nos luthiers nancéiens aient pris leurs premiers principes dans l'atelier crémonais des Amati, qu'ils ont, *d'eux-mêmes,* agrandi les proportions de leurs violons. La preuve en est que *Nicolas Amati,* le plus célèbre, n'est seulement connu qu'en 1662.

Nous déclarons que les Médard ont fondé une véritable École lorraine rivalisant, à juste titre, avec l'École *primitive* italienne des Amati, puisqu'elle lui fut contemporaine.

Un fait est désormais acquis à l'histoire de notre lutherie, il indique une fois de plus l'intime affinité des goûts, des aspirations d'un pays latin par excellence; en effet, il eût été plus facile aux Médard de s'inspirer aux sources de la lutherie allemande, plus rapprochée de la Lorraine, de prendre modèle sur les formes des *Stainer,* par exemple, alors dans toute la puissance de leur renommée.

La Lorraine et la France peuvent donc s'honorer du nom des Médard comme l'Italie a su le faire pour ceux de ses luthiers d'autrefois.

PIÈCES JUSTIFICATIVES

PROCÈS SÉBASTIEN MÉDARD.

(Archives nationales. Z I B. 510.)

Le 21 janvier 1639. Décharge.

« La Cour a deschargé et descharge ledict Herault sa femme Desrues et Congueau desdictes assignacions a faict et faict inhibitions et deffences au substitud du Procureur général et a tous autres de plus user de telles voies ny faire aucunes poursuittes desdictes saisies contre lesdicts Herault sa femme Desrues et Congueau à peyne de cinq cens livres environ damande, nullité et cassation des procédures, dommages interretz et despens, faict à la Cour des Monnoyes le vingt ung^{eme} Janvier mil six cent trente neuf.

« Poitevin, Desfozey. »

Jean Hurault, sa femme Catherine Desrues dict la ferrande et Jehanne Coqeau ou Congueau devaient des sommes à Sébastien Médart, à Pierre Paul Prelasque et à Jehanne Medart.

« 26 may 1636. Veu l'arrest de cette Cour du 21e may 1636, portant entr'autres choses condamnation de mort contre Sebastien Medart, lequel avant l'exécution de l'arrest seroit appliqué à la question ord^{re} et extraord^{re} pour revelation de ses complices, qu'au regard de Prelasque

Jeanne Medart denommé audit arrest, seroit différé ledit jugement du procez après ladite question et l'exécution à mort dudit Medart veu pareillement les procès verbaux de laditte question et de l'exécution à mort d'iceluy Medart desdicts jours et an ensemble le procez criminel faict audict deffunct Médart et auxdits Prelasque et Jeanne Medart et à leurs complices.

« Je Requiers pour le Roy estre ordonné que ledict Prelasque et Jehanne Medart seront mis à la question de torture ord^{re} et extraord^{re} pour avoir leur bouche plus ample conviction tant contre eux que leur complice des crimes dont ils sont chargés par ledict procez, sans que par ladicte question les charges soy dict purgées, et en cas que ladicte Medart pour éluder l'exécution de l'arrest qui interviendra se prétende enceinte, qu'elle soit visitée par expertz qui seront nommés d'office, pour, suivant leur rapport estre passé outre ou différé ainsi qu'il plaira à la Cour l'ordonner. Quant aux meubles saisis sur ledict deffunct Medart, mis soubs le scellé et en la garde d'archers, p. autres meubles appartenans audict Prelasque et à ladicte Médart, qu'il sera d'iceux faict inventaire et dans les coffres où ils ont esté trouvés, visité, s'il se trouvera chose qui serve à la conviction desdicts accusés, pour ledict inventaire faict estre lesdicts meubles deposés dans l'une des chambres du logis dudict Prelasque, soubz le scellé et la garde de l'un des locataires ou voisins d'iceluy logis, ce faisant lesdicts archers des gages et la garde desdicts meubles, le tout jusqu'à ce qu'autrement par ladicte Cour en ait esté ordonné. Les procès verbaux de laquelle question et ledict inventaire faicts et à moy communiquez, recqueray ce qu'il appartiendra.

  « Degorris,   Les enfants Prelasque. »

« 15 may 1636. Accusation de fausse monnoie contre Sebastien Medard, faiseur de Lutz, contre Pierre Paul Prelasque, Jehanne Medard sa concubine accusés du crime de fausse monnoie.

« Les accusés prétendent avoir fait ces monnoies essais de pistolles et autres or et argent en Lorraine. (Quadruples et pistolles d'Espagne trouvés en possession de Prelasque dans le sac violet et boite de sapin blanc enoncés dans le procès verbal des 18 et 19 avril 1636.)

« 26 may 1636. Arrest de la Cour des Monnoies contre Sebastien Medart, faiseur de luts, natif de Nancy en Lorraine, Pierre Paul Prelasque (de Lyon) et Jeanne Medart soit disant femme dudit Prelasque aussi natifve de Nancy, prisonniers au fort Levesque, accusés du crime de fausse monnoie altérations et rognures de pistolles debit et exposition d'icelles rognures. » On trouva en leur possession des outils, limes et instruments et autres choses destinés à fabriquer et rogner. Les accusés prétendirent que les outils servirent pour la fabrication des instruments de musique. On requit les rapports de Claude Coquet, Antoine d'Espont et Charles Hurel, m^{tres} faiseurs d'instruments de musique à Paris. Ces rapports concluent à la culpabilité des accusés. Donc Sébastien Médart fut condamné à mort, et subit auparavant la question ordinaire et extraordinaire. Prelasque fut condamné aux galères à perpétuité, Jeanne Medart à être battue et fustigée nue de verges, attachée au bout d'un garrot, en la place des Halles au pilori, et condamnée au bannissement à perpétuité hors du royaume ; la somme de trois mille six cents livres sera réservée de la confiscation des biens pour être employée à la nourriture, entretien et instruction des enfants desdicts Prelasque et Jeanne Medart. Les enfants étaient bâtards, puisque Prelasque avait seulement promis le mariage. Sébastien Medart avait été soumis à la question et était mort avant le 30 may 1636.

Les accusés émirent de la fausse monnaie pour « effectuer les payemens par eux faits par forme de prets sur gages ou autrement ».

INTERROGATOIRE DES ACCUSÉS (JEANNE MÉDARD).

26 may 1636. Interrogée sur son nom, aage qualitté demeure ordinaire et lieu de sa naissance aprez serment a dit se nommer Jeanne Medart aagée de XXXV ans ou environ, natifve de Nancy en Loraine et etre femme du nommé Prelasque ou au moings ledict Prelasque luy a promis mariaige et promis par plusieurs fois de l'espouser.

Item. Si elle na pas servy il y a sept ou VIII ans à Paris chez la dame du Perray.

A dict que oui.

Item. Sy pendant quelle estoit au service de ladicte dame il n'y eut pas quelques bagues perdues.

A dict que ouy et que avoient esté perdue et esté recouvert et trouvé dans des cendres.

Item. Sy audict temps elle n'avoit pas frequentation avec le nommé Prelasque.

A dict que ouy.

Item. Sy avant qu'elle eut frequentation avecq ledict Prelax elle navoit pas eu ung enfant d'un abbé.

A dict que ouy.

Item. Pourquoy elle s'est dicte damoiselle neantmoings elle est fille d'un menuisier de Nancy.

A dict que le pere de son pere estoict gentilhomme et accause de sa pauvresse, l'on luy fist apprandre mestier.

Item. Si elle n'a pas exposé de pistolles rongnés ailleurs aux Halles.

A dict qu'elle a exposé des pistolles, mais ne scait pas qu'elles feurent rongnées.

Item. Sy il n'est pas vray que l'on luy a faict des reproches aux Halles pour raison de ce.

A dict que non.

Item. Sy il n'est pas vray qu'elle estoict souvent dans son cabinet enfermée avecq de la chandelle.

A dict que se peult faire, qu'elle y a esté pour fermer des lectres.

Item. Sy il n'est pas vray que le nommé Prelax luy a dict, luy parlant des affaires de son père, que cela passoict son esprict.

A dict que ouy, sur les différends qui estoyent entre ledict Prelasque et son père.

Item. Sy ledict cabinet ou estoit la lime trouvée en son logis ne ferme pas à la clef.

A dict que non.

Item. Doù vient tout l'argent qui a esté trouvé à son logis.

A dict qu'il vient de leur mesnage et de ce que ledict Prelax a eu de sa mere laquelle leur a envoye les meubles qu'ilz ont encore à présent chez eux.

Item. Pourquoy ledict Prelax a baillé VIe de pistolles audict Mesdard puisqu'il lui debvoit sa pension.

A dict qu'elle ne saict et s'est retirée.

Et à l'instant entré. (*Interrogatoire de Prelasque.*)

Interrogé de son nom aage qualitté et lieu de sa naissance après serment.

GÉNÉALOGIE DE LA FAMILLE MÉDARD, DE NANCY
D'APRÈS LES ARCHIVES MUNICIPALES DE NANCY

Poiresson Médard, mort avant 1612.
  - **Pauline Médard**, sa fille, épousa le 8 août 1612 Baptiste-Guillaume, de Vincey. Paroisse Saint-Sébastien de Nancy.

Melchior Médard, parrain en août 1614 du fils de Humbert Thomas. — Paroisse Saint-Sébastien de Nancy.

Médard (Claude Ier), mort avant 1597, sa veuve Jeanne Drouyn, épousa en deuxièmes noces Blaise Thiébault, paroisse Saint-Sébastien de Nancy.
  - **Médard (Claude II)**, qualifié menuisier ou luthier.

Nicolas Ier Médard, mort avant 1628.
  - **Guillaume Médard**, son fils, marié en 1628 à Exe, fille de Jean Vautrin de Gerbéviller. — Paroisse Saint-Sébastien de Nancy.

Anthoine Ier Médard, témoin 25 février 1620 du mariage de Nicolas Chuppin, peintre lorrain. Paroisse St-Sébastien de Nancy.

Catherine Médard, fille de Claude Médard de Nancy, épousa le 15 avril 1614 Claude, fils de Demenge Durand. Paroisse Saint-Sébastien de Nancy.

Françoise Médard, fille de Claude Médard, épousa le 16 mars 1616 François, fils de Jean Goire. Paroisse St-Sébastien de Nancy.

Henri Ier Médard, faiseur de violons, fils de Claude Médard, menuisier, épousa le 28 octobre 1620 Anne, fille de M^{tre} Bastien Pierresson. Présents : Louys, François, Jean, Nicolas Médard et autres.

Nicolas II Médard, façonneur de violons, époux de Barbe Bain, fut témoin du mariage de Henri Ier Médard le 28 octobre 1620.

Claude III Médard, épousa Elisabeth.

François Ier Médard, vélonier, époux de Anne, qui fut marraine du fils de son fils François II. François Ier fut présent au mariage de Henri Ier en 1620.

Jean Médard, témoin du mariage de Henri Ier le 28 oct. 1620.

Louis Médard, parrain le 28 oct. 1620.

Baptiste Médard, parrain le 25 janvier 1628 de Anne, fille de Nicolas II Médard.

Anthoine II Médard, fils de Henri Ier et de Anne, baptisé 28 octobre 1621, paroisse St-Sébastien de Nancy. Parrain : Anthoine, conseiller bastien de Nancy. de d'Kiset de Son Altesse ; marraine : noy parrain, sa Susanne Bourclet. fille marraine.

Marie, fille de Henri Ier Médard, faiseur d'instruments, et de Anne Poiresson, baptisée 29 déc. 1622, femme, baptisé le Claude du Chaste-18 mai 1625. Clau-noye. Anne Favart marraine. Paroisse St-Sébastien de Nancy.

Claude V Médard, fils de Henri Ier Médard, faiseur de violons, Anne Poiresson sa 1624. Parrain : nouble Nicolas Mengin; marraine : Anne Favart marraine.

Nicolas III Médard, fils de Henri Ier Médard et de Anne Poiresson, baptisé 28 janv. 1624. Parrain : Nicolas de Groitte. Paroisse St-Sébastien.

Henri II Médard, fils de Henri Ier Médard et de Anne Poiresson, baptisé le 10 février 1629. Parrain : Claude Pergraymarraine. Paroisse St-Sébastien, raig marraine. Paroisse St-Sébast.

Claude IV Médard, fils de Claude III Médard et de Elisabeth, baptisé 10 mars 1623 (Saint-Sébastien de Nancy). Parrain : noble Claude de Chastenoy ; marraine : Anne Poiresson, femme de Henri Ier Médard, faiseur de violons.

François II Médard, vélonier, époux de Marie, mourut le 21 juillet 163 Paroisse Saint-Sébastien.

Dieudonnée Médard, fille de François II Médard et de Marie ..., baptisée 12 août 1619, Saint-Sébastien de Nancy. Jean Mengin, parrain ; Dieudonnée Renbourg, marraine.

Anne Médard, fille de François II Médard, vélonier, et de Marie ..., baptisée à la paroisse Saint-Sébastien le 24 mai 1625. Claude Vuillaume, parrain, natif de Mirecourt; marraine, Anne veufve de François Ier Médard.

Toussaine Médard, fille de Nicolas II Médard, faiseur d'instruments, et de Barbe Bain, baptisée 3 avril 1622. Parrain : Claude de Chastenoy, seigneur d'Annocourt; marraine : Toussaine Vuilfcmin. Paroisse Saint-Sébastien.

Chrestienne Médard, fille de Nicolas II Médard, façonneur d'instruments, et de Barbe Bain, baptisée 26 nov. 1623. Parrain : mestize Jacques de Frankmont, chanoine de l'insigne Eglise primatiale ; damoiselle Marguerou-Trial marraine.

Barbe Médard, fille de Nicolas II, violon de Son Altesse, et de Barbe Bain, baptisée 21 mai 1625. Parrain : Isaac Grand Pierre, commis aux gardes généraux de Son Altesse, parrain ; Barbe Marteaux, femme de Charles Jolf, marraine.

Dominique Médard, fils de Nicolas II Médard, violon de Son Altesse, et de Barbe Bain, baptisé 27 août 1626. Paroisse St-Epvre. Parrain : Dominique Simon, secrétaire de Son Altesse; Anne Polidore, sœur, fille, marraine.

Anne Médar, fille de Nicolas II Médard et de Barbe Bain, baptisée le 25 janv. 1628. Paroisse St-Sébastien. Parrain : Baptiste Médard ; Anne Waillot, marraine.

Anthoinette Médard, fille de Nicolas II Médard, faiseur de violons, et de Barbe Bain, baptisée le 28 avril 1629. Paroisse Saint-Sébastien. Parrain : Jean Thiery, cuisinier de Mgr le prince de Phalsbourg; Anthoinette Guillemin marraine.

Gabrielle Médard, fille de Nicolas II Médard, violon, et de Barbe Bain, baptisée 20 déc. 1630. Claude Durand parrain ; Gabrielle La Fontaine marraine. Paroisse Saint-Sébastien.

— 24 —

A dict se nommer Pierre Paul Prelasque aagé de XLV ou environ natif de Lyon et que il est gentilhomme demeurant à Paris depuis dix ou douze ans.

Interrogé sy il na pas exposé de pistolles rongnées aux Halles.

A dict que non.

Item. Sy l'on n'a pas reporté de pistolles rognées chez luy.

A dict que non.

Item. A quoy servoict le plomb et gratte boisse quy a esté trouvé chez luy.

A dict que il a dict le subject pourquoy. Encore si c'eussent esté pour mal faire il ne l'eut pas laissé dans un lieu publicq comme il estoict.

Item. Pourquoy il bailloit VI^c [1] pistolles à son père qu'il luy debvoict sa pension et en avoict à luy respondant.

A dict qu'il ne refusoit rien audict Mesdard pourcequ'il estoict bon payeur.

Item. D'où vient largent qui este trouvé chez luy.

A dict qu'il avoit environ mil Escuz quand il vinct à Paris, qu'il a faict profficter et a presté sur gages.

Item. Si il a proumesse ou obligation de son père desdicts VI^c pistolles.

A dict que non.

Item. Interrogé quelle somme luy est deubs par ledict Mesdard son filleul (?).

A dict qu'il luy doibt IIIJ^c pistolles et quelque chose de plus.

Item. Sy avant qu'il feust pris il n'a pas esté desnoncé pour le crime duquel il est accusé au prevost de l'Isle dont il a composé.

A dict que non.

Item. Interrogé d'où vient le bien qu'il a et qui a esté trouvé chez luy mesme tous les meubles quy y ont esté trouvés.

A dict que il y en a acheté de plusieurs mesme du noumé... Et depuis a dict que se soubvient que sa mère luy a envoyé une balle pleine de meubles qui font partie de ceux qui sont en sa maison. Et s'est retiré.

[1] 600 pistoles.

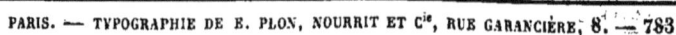

PARIS

TYPOGRAPHIE DE E. PLON, NOURRIT ET Cⁱᵉ

Rue Garancière, 8.

www.ingramcontent.com/pod-product-compliance
Lightning Source LLC
Chambersburg PA
CBHW060858050426
42453CB00011B/2021